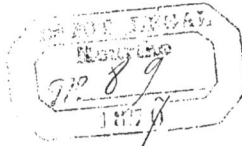

SUR UNE ÉPIDÉMIE

DE

FIÈVRE SCARLATINE

OBSERVÉE

A SAINT-DIÉ ET DANS SES ENVIRONS

PAR

Le Docteur W. GROLLEMUND, de Saint-Dié

Ancien interne de l'hôpital civil de Strasbourg, lauréat de la Faculté de médecine de Strasbourg.

NANCY

IMPRIMERIE BERGER-LEVRAULT ET Cⁱᵉ

11, RUE JEAN-LAMOUR, 11

—

1877

SUR UNE ÉPIDÉMIE

DE

FIÈVRE SCARLATINE

OBSERVÉE

A SAINT-DIÉ ET DANS SES ENVIRONS

L'hiver de 1875 à 1876 a été des plus meurtriers à Saint-Dié;
il y a eu un grand nombre de malades et de morts. Outre les
affections aiguës dues évidemment à la rigueur exceptionnelle de
la saison, nous avons observé des grippes de gravités diverses, des
coqueluches, des varicelles, des rougeoles avec leurs suites et
leurs complications si graves quelquefois, et enfin des fièvres
scarlatines. Ces dernières, quoique moins nombreuses que les
autres maladies contagieuses citées plus haut, ont plus spéciale-
ment attiré notre attention, parce que nous avons eu plus rarement
l'occasion de voir des scarlatineux. Cependant déjà dans le courant
de l'été 1875 nous avions eu à traiter quelques cas de scarlatine
tout à fait bénigne et nous savons que nos confrères en ont soigné
aussi; mais le foyer paraissait éteint, quand il se réveilla vers le
mois de novembre. Nous nous proposâmes d'étudier cette maladie
aussi fidèlement que le permettent les fatigues des médecins de
petite ville, et c'est le résultat de nos observations que nous ve-
nons soumettre à nos confrères.

Nous rapporterons tous les cas de scarlatine que nous avons
vus; nous pensons que cette relation, que nous ferons aussi suc-
cincte que possible, ne paraîtra pas fastidieuse; nous insisterons
davantage sur les cas qui ont présenté quelque phénomène grave
ou insolite ou quelque complication digne d'être notée. Après ce
récit, nous terminerons par les réflexions qui nous ont été sug-
gérées.

Tout d'abord nous avons eu l'intention de suivre la scarlatine pas à pas, afin de démontrer une fois de plus la nature contagieuse de cette affection, mais nous y avons renoncé, d'une part, parce que cette question n'est plus douteuse pour personne, et de l'autre, parce que, à un moment donné, nous n'avons plus pu établir de filiation directe. La maladie régnait alors épidémiquement ; l'air était infecté et par conséquent la contagion beaucoup plus facile. Du reste, beaucoup de scarlatineux échappaient à notre observation, parce que nous avons plusieurs confrères à Saint-Dié ; on comprend alors que la recherche des sources infectieuses a été impossible à faire pour chaque cas en particulier.

I. *Famille Parmentier*. — Une petite fille de 10 ans est atteinte de fièvre et de mal de gorge le 29 octobre ; le 2 novembre, apparition de l'éruption de scarlatine, qui reste bénigne. Pas de complication ni de maladie consécutive.

Quelques jours après, la sœur de la malade, âgée de 4 ans, prend la même maladie et guérit aussi facilement.

II. *Famille Remy*. — Remy (Marie), âgée de 6 ans, a depuis deux jours mal à la gorge et une fièvre modérée quand on nous appelle le 1er novembre. Nous constatons l'existence d'une scarlatine qui se termine sans accident.

Remy (André), frère de Marie, âgé de 6 mois, encore à la mamelle, est atteint, du 9 au 13 novembre, de la même maladie, qui suit la même évolution bénigne.

Un autre frère, Jean-Baptiste, âgé de 10 ans, habitant la même chambre, ne subit pas l'effet de la contagion. Du 4 au 6 novembre, la mère a mal à la gorge, mais nous ne voyons survenir aucune éruption.

Les mêmes enfants, Marie et André, ont eu la rougeole du 15 au 20 janvier 1876 ; Jean-Baptiste, qui avait résisté à la contagion de la scarlatine, fut atteint par la rougeole ; André, le plus jeune, parut remis comme les autres, mais vers la fin d'avril 1876 on nous rappela de nouveau ; il y avait des lésions pulmonaires et intestinales, probablement de nature tuberculeuse, auxquelles l'enfant succomba le 8 mai 1876.

III. *Famille Welsch*. — Petite fille de 3 ans, pour laquelle nous sommes appelé le 12 novembre ; elle est en pleine évolution d'une scarlatine qui reste tout à fait bénigne.

IV. *Famille Haustett*. — Femme de 41 ans ; a eu une seule fois, malgré les recommandations que nous avions faites de ne pas la laisser sortir, la visite de la petite Welsch; mais nous ne connûmes ce détail qu'à l'apparition de la scarlatine. Nous voyons la malade le 24 novembre pour une angine accompagnée d'une fièvre intense; nous prescrivons un purgatif et un gargarisme chloraté. L'éruption de scarlatine apparaît le 27 et la malade ne présente comme particularité que deux accès de fièvre, survenus dans la convalescence, du 1er au 3 décembre; ils disparaissent avec le sulfate de quinine.

V. *Famille Jost.* — *Albuminurie consécutive.* — Jost (Louis), 6 ans, est atteint le 15 novembre 1875 d'une fièvre scarlatine modérée qui ne présente rien à noter. Au bout de 8 jours, nous abandonnons le malade en priant instamment la mère de ne pas le laisser sortir. Les recommandations ne sont pas suivies; le 7 décembre, les parents constatent que l'enfant a de l'enflure aux pieds et de la bouffissure à la face; nous le voyons le 8: il n'a pas de fièvre, mais l'urine présente une quantité notable d'albumine. Nous le mettons à la diète lactée; tous les deux jours, nous faisons faire sur les reins une application de ventouses sèches suivie de tisanes sudorifiques; tous les deux jours aussi, mais en alternant, l'enfant prend un purgatif composé de calomel et de jalap. Le 20 décembre, l'albumine a presque disparu; le 4 janvier 1876, il n'y en a plus de traces.

La sœur de Louis, âgée de 4 ans, est restée dans la chambre et n'a pas pris la maladie.

VI. *Famille Oberrider.* — Un enfant de 2 ans et demi a, le 18 novembre, une éruption de fièvre scarlatine *sans mal de gorge*, pour laquelle on n'appelle pas le médecin. Le 25 novembre, on nous mande auprès de la mère, âgée de 32 ans; elle a une fièvre considérable et une angine avec plaques pultacées; le 28, apparition de l'éruption scarlatineuse. Aucun accident consécutif.

VII. *Famille Albert.* — *Scarlatine suivie de pneumonie terminée par la mort. Scarlatine fruste.* — Un enfant de 2 ans et demi est atteint de la scarlatine dans les derniers jours de novembre; on juge inutile d'appeler un médecin. Le frère du malade, âgé de 6 mois, encore à la mamelle, est atteint en même temps de la même affection; mais après la disparition de l'éruption, la fièvre persistant, on nous prie de venir voir l'enfant le 4 décembre. Il a une pneumonie à laquelle il succombe au bout de huit jours.

Cependant, le 3 décembre, la mère, nourrice du dernier malade, âgée de 35 ans, est prise de fièvre considérable et d'un mal de gorge intense ; nous la voyons aussi le 4, le voile du palais et les amygdales sont très-rouges, la déglutition est presque impossible ; nous faisons faire une application de quelques sangsues et nous prescrivons du chlorate de potasse en gargarisme. Au bout de quelques jours la fièvre tombe, la déglutition se fait de nouveau facilement. Nous n'avons jamais constaté aucune éruption.

VIII. *Famille Widner.* — Julie, âgée de 16 ans, cousine de Mme Albert, chez qui elle a été en visite alors que la scarlatine régnait dans la maison Albert, est atteinte à son tour dans les premiers jours de décembre et communique la maladie à un de ses frères, âgé de 8 ans, qui se met au lit le 12 décembre. Chez les deux malades il n'y eut rien de particulier à noter ; ils avaient une fièvre scarlatine modérée avec angine et éruption bien nettement caractérisée.

IX. *Famille Betz.* — *Arthrite consécutive à la scarlatine.* — Deux enfants, Betz (Marie), âgée de 3 ans, et Betz (Édouard), âgé de 6 ans, sont atteints de scarlatine dans les derniers jours de novembre, les parents jugent inutile d'appeler un médecin. Le 10 décembre, Betz (Édouard) a une arthrite des deux genoux, que nous traitons par une application de vésicatoires volants.

X. *Scarlatine grave à marche insolite, à éruption très-tardive, suivie de mort. Arthrite scarlatineuse.* — X., âgé de 68 ans, d'un tempérament très-nerveux, prend un frisson le 13 décembre au soir ; le 14 dans la matinée, il a des vomissements et de la difficulté dans la déglutition. Un de nos collègues prescrit un purgatif ; délire dans la nuit.

Le 15 décembre, impossibilité d'avaler ; peau chaude, pouls à 140. 8 sangsues.

Le 16 décembre, même état : délire assez prononcé ; température élevée ; pouls toujours à 140 ; rien du côté des pupilles. Calomel.

Le 17, rien de nouveau à noter. Sulfate de quinine pour abattre la fièvre.

Le 18, à 2 heures du soir, nous sommes appelé en consultation avec M. le docteur de Mirbeck.

Le délire a continué ; à notre arrivée, le malade se réveille et répond aux questions qu'on lui fait ; le pouls est tombé à 120, la température n'est que de 37°, la langue est sèche. Le malade a de la difficulté à parler, comme s'il y avait paralysie du voile du palais ; la gorge est encore rouge, mais son état n'explique pas le nasonnement de la voix. Il y a des douleurs articulaires aux poignets, qui sont un peu enflés. Enfin, les jambes présentent une légère éruption dont on ne peut préciser la nature.

Dans la consultation qui eut lieu, notre collègue M. le Dr de Mirbeck émit l'opinion de l'existence d'une scarlatine fruste; nous nous rangeâmes à cet avis. On prescrivit un bain sinapisé, des lotions fraîches sur la tête, une potion éthérée, du bouillon et de l'eau vineuse. Le bain ne fut pas donné.

Le soir, à 8 heures, le délire est revenu, le pouls est toujours petit, à 120; l'éruption de scarlatine est apparue très-nettement sur le dos et est constatée par nos deux collègues qui avaient été présents à la consultation. Le malade succombe le 19 à 5 heures du matin.

XI. *Famille Chaudron.* — *Scarlatine grave compliquée d'arthrite et suivie d'albuminurie.* — Marie Chaudron, âgée de 12 ans, rentra de l'école le 20 décembre à midi; elle avait été la veille dans la chambre mortuaire du sieur X., de l'Observation X. Elle a un frisson, des vomissements, mal à la gorge et une soif vive. Dans la nuit il se produit une éruption sur tout le corps.

Le 21 décembre, à 3 heures du soir, nous voyons la malade; l'éruption, qui est de nature scarlatineuse, a déjà pâli, le voile du palais et les amygdales sont rouges, le pouls est à 130.

Le 22 décembre, l'éruption existe encore, le pouls est à 140, la peau très-chaude. Sulfate de quinine 0,10 à prendre de 4 en 4 heures.

23 décembre. Il y a eu du délire pendant la nuit; depuis le 4e paquet de quinine, diarrhée abondante, selles involontaires; le pouls est à 140, presque imperceptible. Potion calmante avec sirop d'éther et deux gouttes de laudanum.

24 décembre. Il n'y a plus de diarrhée; la nuit a été agitée jusqu'à 2 heures du matin.

25 décembre. La nuit a encore été agitée; ce matin, la malade est calme, le pouls est à 120. Il y a des douleurs articulaires aux poignets, qui sont enflés.

27 décembre. Amélioration sensible dans l'état général, mais persistance des douleurs articulaires.

31 décembre. Convalescence franche.

17 janvier 1876. Depuis hier la malade est bouffie; l'examen des urines démontre la présence d'une faible quantité d'albumine. Nous combattons cette complication avec notre traitement habituel:

sudorifiques et purgatif au calomel et au jalap tous les deux jours. A la fin de janvier, l'albumine a disparu et la malade est guérie.

XII. *Famille Morel.* — Camille Morel, âgé de 6 ans, demande à ne pas aller à l'école le 29 décembre, parce qu'il ne se trouve pas bien; le 30, il se plaint de la gorge, a de la fièvre et dans la journée apparition d'une éruption de scarlatine. La fièvre persiste assez forte avec rêvasseries jusqu'au 2 janvier à 4 heures du matin. A partir de ce moment, elle tombe et l'éruption pâlit.

Le 3 décembre, l'éruption a disparu et le malade entre en convalescence. Aucun accident consécutif.

Deux autres enfants en bas âge, habitant la même chambre, ne paient pas leur tribut à la scarlatine.

XIII. *Famille Carle.* — *Scarlatines dont une sans éruption.* — Marie Carle, âgée de 3 ans, a eu dans les derniers jours de décembre une fièvre éruptive accompagnée de mal de gorge; cette maladie n'était autre que la scarlatine, ainsi que le prouvent les autres cas de cette maladie survenus dans la même famille.

Alphonse Carle, 18 ans, frère de Marie, souffre depuis plusieurs jours d'un mal de gorge violent; on nous appelle le 1er janvier à 2 heures après midi: la fièvre est considérable, le voile du palais et les amygdales sont rouges. Huile de ricin, gargarisme au chlorate de potasse.

Le 2 janvier, apparition de l'éruption scarlatineuse, qui se complique le 4 d'une éruption de miliaire. Du reste, rien de particulier; le 5 janvier, l'éruption de scarlatine a disparu et la convalescence s'établit.

Louis Carle, 8 ans, frère des deux autres, tombe malade dans la nuit du 2 au 3 janvier. Vomissements et diarrhée qui persistent jusqu'au 4 au soir; le petit malade se plaint aussi de la gorge; le 4, dans la soirée, l'éruption apparaît sur les jambes; la nuit est agitée, il y a des sueurs profuses.

Le 5, la rougeur du voile du palais, peu considérable d'ailleurs, a disparu; l'éruption ne s'établit pas franchement, mais s'accompagne de miliaire. Le 8, l'éruption n'a pas tout à fait disparu, mais il n'y a plus de fièvre.

Vincent Carle, 14 ans, frère des trois autres, se plaint le 5 à midi, mange peu, mais travaille jusqu'au soir; alors survient un frisson accompagné de soif et de douleurs dans la déglutition.

Le 7 au matin, rougeur du voile du palais et des amygdales,

nasonnement ; *tuméfaction des ganglions sous-maxillaires,* surtout à droite ; pouls à 110.

8 janvier. Il y a toujours de la fièvre, de l'agitation, la même difficulté d'avaler ; le malade ne peut presque plus boire ; les *gencives
sont enflammées et légèrement ulcérées,* mais il *n'y a aucune éruption.*

10 janvier. La fièvre et les accidents du côté de la gorge persistent, mais il n'y a toujours pas d'éruption. Le 11 janvier, la
fièvre tombe, le malade avale plus facilement ; le 13, il entre en
convalescence.

XIV. *Scarlatine presque sans éruption.* — Schneiter (Émile),
7 ans, tombe malade le 31 décembre 1875 ; soif et diarrhée ; nous
le voyons la première fois le 3 janvier 1876 : il a peu de fièvre,
se plaint de douleurs dans les articulations, mais sans gonflement,
et de difficulté dans la déglutition. Le diagnostic reste indécis, mais
se précise le lendemain 4, par l'apparition d'une éruption scarlatiniforme aux coudes et aux genoux. Le 8 janvier, la desquamation commence au cou et sous les aisselles ; l'enfant est en
convalescence.

XV. *Famille Jessel.* — *Scarlatines graves.* — Jessel (Foy), 16
ans. Dans le même logement demeure un jeune homme qui a eu
vers Noël un violent mal de gorge de quatre jours de durée.
Le 1er janvier, la jeune fille prend un frisson suivi de soif, d'envies de vomir, de mal de gorge et de toux.

Le 4 janvier apparition de l'éruption de scarlatine sur tout le
corps ; nous voyons la malade le 5 au soir : l'éruption est assez
accentuée, la fièvre modérée ; la fièvre persiste jusqu'au 11 janvier, puis la malade se remet.

Jessel (Amand), 21 ans, frère de Foy, va à son travail jusqu'au
3 janvier 1876 à midi ; mais il est souffrant dès le matin ; à midi,
il rentre avec des frissons, des envies de vomir, de la difficulté
dans la déglutition ; il vomit dans la nuit du 4 au 5. Le 5,
apparition de l'éruption de scarlatine ; nous voyons le malade le
5 au soir : le pouls est à 120, irrégulier, la peau très-chaude, la
respiration irrégulière et saccadée. Le voile du palais et les amygdales sont très-rouges, l'éruption est très-accentuée sur la poitrine et sur les jambes. (Vomitif.) Dans la nuit du 5 au 6, délire
assez violent ; le 6 au matin, le pouls est à 128, la respiration est
toujours très-irrégulière et l'éruption très-prononcée. Traitement :
sinapismes à promener sur les jambes, compresses fraîches sur
la tête, potion calmante avec sirop d'éther.

Dans la nuit du 6 au 7, agitation extrême; le 7 au matin, prostration, pouls à 108, peau moins chaude; l'éruption pâlit; il y a un peu de miliaire.

8 janvier. Il y a encore toujours de l'agitation la nuit, cependant le pouls est tombé à 100 ; la difficulté de déglutition persiste; il y a en outre une *gingivite* analogue à celle produite par l'usage des mercuriaux.

9 janvier. Diarrhée, douleurs articulaires dans les phalangines et les phalangettes des deux mains.

11 janvier. La fièvre a disparu, l'éruption aussi; la déglutition est plus facile, la faiblesse est grande; alimentation légère.

19 janvier. Convalescence franche.

Jessel (Joséphine), 19 ans, sœur d'Amand et de Foy, reste bien portante jusque dans la nuit du 17 au 18, époque de sa menstruation. A ce moment frisson et mal de gorge.

Le 18 à 3 heures, les piliers et le voile du palais sont un peu rouges ; le pouls est à 110, la menstruation n'est pas arrivée.

Le 20, éruption de scarlatine sur la poitrine et sur les jambes; pouls à 120. Le 22 l'éruption pâlit, et le 25 convalescence.

XVI. *Arthrites scarlatineuses* — Gérardin (Marie), 6 ans, de Dijon, hameau situé à 3 kilomètres de Saint-Dié, prend, le 10 janvier, une fièvre scarlatine caractérisée par de la fièvre, de la difficulté dans la déglutition et une rougeur généralisée de la peau. Nous la voyons le 14 au soir pour des douleurs articulaires dans les poignets et les deux cous-de-pied, qui sont enflés. Il n'y a plus de fièvre, la rougeur a disparu et la desquamation a déjà commencé au cou.

Nous prescrivons des tisanes chaudes et des onctions graisseuses, en peu de jours les symptômes articulaires disparaissent.

XVII. *Pneumonies suites de scarlatine, dont deux suivies de mort.* — La même nuit nous voyons, à 150 mètres de la maison Gérardin, deux enfants, l'un âgé de 6 ans, qui a eu la fièvre scarlatine le 8 et qui n'a pas été soigné; il est atteint d'une pneumonie lobulaire très-grave, à laquelle il succombe le 17 janvier.

Marie, sœur du dernier, âgée de 3 ans, est malade depuis le 10; elle est encore un peu rouge; elle a une pneumonie du sommet gauche caractérisée par du souffle et des râles crépitants, contre laquelle nous luttons avec succès par des vésicatoires et du kermès minéral.

Le 15 janvier, on nous appelle auprès de César (Marie), âgée de 30 mois, demeurant au hameau de Gratain, à 1 kilomètre et demi de Saint-Dié; son frère Jules, âgé de 6 ans, a eu la scarlatine vers la fin du mois de décembre; la petite fille a eu, le 3 janvier, la même maladie, caractérisée par un mal de gorge et une éruption peu accentuée. Quand nous voyons la malade la première fois, il y a une pneumonie du lobe inférieur gauche (souffle et râles crépitants). Vésicatoires volants, kermès minéral. Le 19, la pneumonie a gagné tout le côté gauche, qui est rempli de gros râles.

Nouveau vésicatoire et potion à l'extrait de quinquina. Le 25, l'enfant succombe.

XVIII. *Angine grave de nature indéterminée.* — Korn (Joseph), 17 ans, demeurant dans un logement contigu à celui de l'enfant Jost, dont il a été question dans le paragraphe V, a eu quelquefois de légers maux de gorge, pour lesquels il n'a jamais gardé le lit.

Le 8 janvier 1876, il lui survient des frissons, des envies de vomir, de la difficulté dans la déglutition, puis des vomissements. Nous ordonnons un vomitif et des boissons tièdes.

Le 10 au matin nous apprenons que le malade a déliré toute la nuit; à notre visite il est abattu, mais répond à nos questions; il a de l'herpès à l'angle droit des lèvres; la voix est nasonnée, le voile du palais et les amygdales sont très-rouges et très-gonflés; le pouls est à 100, plein.

Le délire revient aussi fort dans la nuit du 10 au 11 ; dans la matinée du 11, épistaxis qui se renouvelle plusieurs fois dans la journée et nécessite l'emploi d'une potion au perchlorure de fer et le tamponnement antérieur de la narine gauche.

Le soir, à 10 heures, l'épistaxis est arrêtée; le malade est dans la somnolence; la peau est sèche, la température à 39°4, le pouls à 94. Nous ne trouvons aucune éruption.

Encore un peu d'épistaxis dans la nuit, mais le délire est moins fort, c'est plutôt de la rêvasserie; le 12 au matin l'intelligence est plus nette que les jours précédents, la soif moins vive, le pouls est à 92, la température à 39°, le voile du palais et les amygdales sont moins rouges. Le 13, il n'y a presque plus de fièvre; le 14, la convalescence est franche. Pas d'accident consécutif. Pas d'albuminurie.

XIX. *Scarlatine grave avec éruption incomplète. Convulsions.* — Kaps (Marie), 13 ans, rentre de la fabrique le 1er janvier avec des frissons, de la soif et des douleurs vagues dans les membres. Le 2, il y a de la difficulté dans la déglutition et une rougeur diffuse sur la peau. Nous voyons la malade pour la première fois le

3, à 9 heures du soir; il y a une rougeur scarlatiniforme peu accentuée sur la poitrine et sur les membres; le voile du palais et les amygdales sont rouges; la nuit est bonne, mais le 4, à 8 heures du matin, survient un vomissement suivi de convulsions qui auraient duré un quart d'heure. A notre arrivée, à 9 heures et demie, le pouls est à 148, la malade parle difficilement, est excessivement abattue. Il y a quelques râles muqueux à la base du poumon droit. Sinapismes; potion avec sirop d'éther; eau de mélisse et eau de camomilles.

Le soir, à 8 heures, le pouls est à 120; il n'y a plus eu de convulsions, mais un peu de saignement de nez qui se reproduit encore pendant la nuit du 4 au 5.

Le 7, la fièvre est tombée et la malade est en convalescence. Pas d'accident consécutif.

Il y a cinq autres enfants dans la famille, l'isolement de la malade n'est pas possible; aucun d'eux ne prend la maladie.

XX. *Scarlatine grave. Accidents cérébraux intenses. Engorgement ganglionnaire. Arthrites.* — Huguenet (Édouard), 9 ans, d'un tempérament lymphatique, tombe malade le 3 février au soir : fièvre, diarrhée et éruption de scarlatine; délire dans la nuit du 3 au 4.

Nous voyons le malade le 5, à 9 heures du matin : le pouls est à 130; l'éruption est encore bien nettement accusée; les amygdales et le voile du palais sont rouges, la langue est dépouillée de son épiderme; il y a eu du délire pendant la nuit. Potion éthérée et boissons délayantes.

Dans la nuit du 5 au 6, même délire qui devient plus violent dans la nuit du 6 au 7 : on a du mal à maintenir le malade au lit; à la visite du matin, il est plus calme. Nous prescrivons du calomel à doses purgatives.

Le 8 février, le pouls tombe à 120; la journée et la nuit ont été meilleures, nous constatons un engorgement ganglionnaire considérable au cou des deux côtés. Les amygdales sont recouvertes de plaques pultacées. Cataplasme; gargarisme au chlorate de potasse.

Le 10 février, il n'y a plus de délire; le pouls est à 100, l'engorgement ganglionnaire persiste; douleurs articulaires dans les poignets.

Le malade se remet peu à peu, sans accident ultérieur.

XXI. *Scarlatine grave.* — Clohr (Louise), 12 ans, prend de la fièvre et de la diarrhée le 5 février au matin; éruption de scarlatine dans la nuit du 5 au 6.

Le 7 au matin, délire, la petite malade se lève et va dans la cour; le 7 au soir, à notre première visite, le pouls est très-fréquent, la peau sèche, l'éruption de moyenne intensité. Potion calmante avec sirop d'éther. La nuit est meilleure; sommeil avec rêvasseries.

Le 8 au soir, le pouls est encore très-fréquent; il y a des plaques pultacées sur les amygdales. Chlorate de potasse.

Le 9, le délire a disparu, la fièvre et l'éruption diminuent, puis la malade se remet.

Les autres enfants de la famille restent indemnes.

XXII. *Scarlatine fruste.* — Schmidt (Louise), âgée de deux ans et demi, a eu une broncho-pneumonie il y a un an, et la coqueluche il y a 6 mois. Elle est malade depuis deux jours quand on nous appelle le 5 février au matin; le pouls est très-fréquent, la dyspnée extrême et il y a quelques râles muqueux à la base des deux poumons. Vomitif; vésicatoire volant. Le soir, la dyspnée est moindre. Potion kermétisée.

Le 7 au soir, il y a un peu de rougeur sur la poitrine. Le 8 au soir, nous constatons l'existence d'une éruption modérée de scarlatine, mais il y a moins de fièvre. Deux jours après, l'éruption pâlit et la malade se remet.

XXIII. *Scarlatine grave.* — Fleith (Jérôme), 14 ans, tombe malade dans la nuit du 2 au 3 mars. Le 3 au matin, il a une fièvre violente, se plaint de difficulté dans la déglutition ; le voile du palais et les amygdales sont rouges. Vomitif. Le soir, le pouls est à 140. En prévision d'une scarlatine, nous isolons le malade.

Le 4 au soir, le pouls est encore à 140, la température à 39°6 ; la gorge est dans le même état. Il y a de la rougeur sur les mains, le dos et les membres inférieurs; pendant la nuit, agitation extraordinaire. Le 5 et le 6, même état, mais la scarlatine se dessine plus nettement. Traitement : 0^{gr},50 de sulfate de quinine édulcoré avec du sirop de valériane, à prendre dans les 24 heures.

Le 7, le pouls tombe à 120, mais la température reste à 39°6. Le 10, l'enfant entre en convalescence. Pas d'accident.

XXIV. *Scarlatine grave compliquée de pneumonie. Éruption miliaire très-abondante.* — Brun (Victor), 14 ans, élève d'une maison d'éducation, ne se plaint de rien, mais un maître aperçoit, le 15 mars au soir, une éruption que le malade dit avoir depuis deux jours. On isole l'enfant. Nous le voyons le 10 au matin; il a une fièvre considérable et une éruption de scarlatine très-nettement accentuée et accompagnée du mal de gorge ordinaire. En outre, nous constatons, sans que l'enfant accuse de la toux ou de la difficulté de la respiration, qu'il y a une pneumonie du lobe gauche inférieur du poumon droit. Il y a à ce niveau du souffle, de la bronchophonie et des râles crépitants. Vésicatoire et potion kermétisée, qui est supprimée le soir, à cause d'une diarrhée très-abondante survenue depuis le kermès.

Le 17, la gorge et les poumons sont dans le même état; le pouls est à 130; il y a des sueurs profuses et une forte éruption de miliaire. Sulfate de quinine, 0^{gr},50, avec sirop de valériane.

Le 19, le pouls est tombé à 100, l'éruption a pâli, la pneumonie ne s'est pas étendue, l'éruption de miliaire est devenue tout à fait blanche. Même traitement.

Le 20, le pouls est à 92, l'éruption a disparu, la pneumonie commence à se résoudre. Le 22, le malade entre en convalescence.

XXV. *Scarlatine sans angine.* — Huntzinger (Henri), 10 ans, élève dans la même maison, se plaint de mal de tête, le 16 mars à midi; il vomit dans la nuit du 16 au 17. Le 17, fièvre vive, langue sale. Vomitif. Le soir, à la lumière, on croit apercevoir de la rougeur. Le lendemain 18, la scarlatine est très-prononcée; il y a beaucoup de sueurs, le pouls est à 150. Sulfate de quinine, 0^{gr},50, à prendre par cuillerée toutes les deux heures.

Le 20, l'éruption pâlit, le pouls est tombé à 120, il n'y a toujours rien du côté de la gorge; un peu de miliaire. Même traitement. Dans la journée, légère épistaxis. Le 24, convalescence.

XXVI. *Scarlatine fruste.* — En face de la même maison, Rohmer (Marie), 3 ans, a une nuit agitée du 17 au 18 mars. Le matin du 18, nous constatons une fièvre considérable. Vomitif. A midi, surviennent des convulsions.

Le 19 au matin, le pouls est à 120; il y a un peu de rougeur sur le voile du palais et les amygdales, et une éruption de nature douteuse sur les mains. Boissons tièdes; gargarisme au chlorate de potasse.

La petite malade se remet peu à peu sans que l'éruption se dessine plus nettement et sans que l'angine s'aggrave.

XXVII. *Scarlatines normales.* — Daul (Hippolyte), 15 ans, se plaint, dans les premiers jours de mars, d'un torticolis; on remarque qu'il a le teint jaune. Purgatif et onctions camphrées.

Le 21 mars, le jeune homme, qui a repris ses occupations depuis quelques jours, se plaint d'un peu de mal de gorge, a de la fièvre. Huile de ricin.

Le soir, éruption scarlatineuse peu abondante, avec sueurs profuses.

Le 22, le malade a toujours des sueurs, l'éruption est plus prononcée, la gorge est toujours rouge. Tisanes; gargarisme au chlorate de potasse.

Le 24, la fièvre diminue; le 26, convalescence.

Donteville (Julien), âgé de 15 ans aussi, s'aperçoit d'une difficulté dans la déglutition le 19 mars, mais s'en plaint seulement le 20 au soir. La fièvre est modérée, les amygdales et le voile du palais sont un peu rouges. Tisanes chaudes; gargarisme chloraté.

Le 21, on prescrit un vomitif; l'éruption n'apparaît que le soir. Le 22, elle est assez nettement établie; il y a un peu de sueur. Du reste, rien de particulier.

XXVIII. *Scarlatine grave sans éruption.* — Vidmann (Paul), 12 ans, a la rougeole dans le commencement de mars 1876. Le 15, alors qu'il était guéri de la rougeole, il est mis en contact pendant quelques heures avec le jeune Brun, dont il a été question dans le paragraphe XXIV. Vidmann (Paul) va bien jusqu'au 23 mars au matin, époque à laquelle il se plaint de manque d'appétit et de difficulté dans la déglutition. Nous le voyons le soir; le pouls est à 150, les amygdales et le voile du palais sont rouges. Vomitif; gargarisme au chlorate de potasse.

24 mars: La nuit a été très-agitée; le vomitif n'a pas agi, mais a produit plusieurs selles. La difficulté dans la déglutition est très-grande, les amygdales sont recouvertes de plaques pultacées; le pouls est à 140, la température à 39°2. Traitement: tisane d'orge miellée; gargarisme chloraté et pastilles de chlorate de potasse; sulfate de quinine, 0^{gr},50, à prendre dans les 24 heures.

Le même état grave persiste jusqu'au 26 mars; à ce moment amélioration notable, et dès le surlendemain convalescence sans que jamais on n'ait aperçu aucune éruption.

XXIX. *Scarlatine suivie d'albuminurie et d'œdème.* — Marchal (Léopold), 3 ans, de Dijon, à 3 kilomètres de Saint-Dié, a eu la scarlatine au commencement de mars, en même temps que sa sœur. Nous n'avons vu alors aucun des deux malades. On nous amène Léopold le 1er avril, il a de l'enflure à la face, aux mains et au scrotum; nous examinons les urines, qui sont rouges et sanguinolentes. Traitement: ventouses sèches à mettre tous les deux jours sur la région rénale; tisanes sudorifiques et calomel à dose purgative à prendre tous les deux jours.

Le 11 avril, il n'y a plus d'enflure, plus de sang dans les urines, mais encore une quantité appréciable d'albumine. Continuation du même traitement.

Nous ne voyons plus le malade.

XXX. *Scarlatine grave sans éruption.* — Le 3 avril 1876, Stoll (Auguste), 17 ans, de Saulcy-sur-Meurthe, à 6 kilomètres de Saint-Dié, se couche avec une fièvre violente et un fort mal de gorge. Le 4 avril, on lui applique quelques sangsues, et le soir on nous appelle. La fièvre est très-forte, les amygdales et le voile du palais sont recouverts de plaques pultacées. Cautérisation au nitrate d'argent et gargarisme chloraté. Même état et même traitement le 5 et le 6, amélioration le 7, convalescence le 9 avril.

Le 10 avril Stoll (Marie), sœur d'Auguste, âgée de 5 ans, se plaignant depuis deux ou trois jours de mal de gorge, sans qu'il nous fût possible de constater de la rougeur sur le voile du palais ou sur les amygdales, est atteinte de fièvre et présente, le lendemain, une éruption complète de scarlatine. Quinze jours après, nous croyons constater de la bouffissure à la face, mais les urines ne renferment pas d'albumine.

XXXI. *Scarlatines bénignes ou de moyenne intensité. Arthrites scarlatineuses.* — Erckert (Charles), 9 ans, a mal à la gorge le 8 avril au matin; il va cependant à l'école, et le lendemain 9 on constate qu'il a une éruption scarlatineuse peu intense, avec peu de fièvre. Au bout de quelques jours, il est remis sans traitement.

Villermaux (Lucien), 5 ans, a eu la rougeole au commencement de mars et est retourné à l'école à la fin du même mois. Le 2 avril, il se plaint de mal de gorge et a de la fièvre. Nous le voyons le 4 avril; la fièvre est très-forte, les amygdales sont recouvertes de plaques blanchâtres, le voile du palais est rouge. Vomitif et gargarisme chloraté. Le 5, éruption complète de scarlatine; amélioration dans la gorge; le 8, la fièvre tombe.

Delacote (Eugène), 5 ans, a, du 10 au 18 avril, une fièvre scarlatine qui présente une angine d'une acuité extraordinaire avec des plaques blanchâtres. Le 20 avril, il se plaint de douleurs aux poignets, qui sont légèrement enflés.

Sa sœur Marie, âgée de 12 ans, tombe malade le 20 et a, le 22, une éruption de scarlatine de moyenne intensité, avec une fièvre moyenne.

Massat (Alice), 3 ans, de Saulcy-sur-Meurthe, a la variole le 24 avril. Le 26, fièvre et difficulté de déglutition. Le 29 avril, éruption de scarlatine, fièvre forte avec agitation, surtout la nuit, jusqu'au 2 mai, puis convalescence.

Tesselin (Marie), 18 ans, de Saulcy, demeurant en face de M. Massat, et ouvrière dans sa fabrique, est prise, le 1er mai au matin, de frissons, de vomissements, de diarrhée et de mal de gorge; néanmoins elle travaille jusqu'au soir.

Le 4 mai, elle a des douleurs aux deux genoux; quand nous la voyons pour la première fois, le 5, les genoux sont encore tuméfiés, mais plus si douloureux; la fièvre est modérée, la langue dénudée, de couleur framboisée, la gorge rouge; les mains sont encore recouvertes de quelques taches rouges scarlatineuses sur lesquelles la malade n'aurait point attiré notre attention, mais qu'elle dit avoir été beaucoup plus générales les jours précédents.

Colin (Octavie), 4 ans, a, dans les premiers jours de juin, une scarlatine bénigne qui ne présente rien de particulier, si ce n'est une convalescence difficile due au tempérament lymphatique de l'enfant.

XXXII. *Scarlatine bénigne et angines scarlatineuses bénignes.* — Kayser (Marie), 5 ans, de Foucharupt, près de Saint-Dié, tombe malade le 12 juillet au soir : agitation, fièvre, douleurs dans les membres. Le 13, à 3 heures du soir, elle a la langue chargée, le pouls à 140, la gorge un peu rouge et une éruption de scarlatine peu accentuée limitée aux avant-bras et aux pieds. Vomitif; tisane d'orge miellée. Au bout de quelques jours, la malade est guérie, mais présente dans la convalescence des douleurs aux poignets.

Kayser (Joseph), père de l'enfant, se plaint de difficultés dans la déglutition, le 10 juillet, et reste pour ce motif chez lui jusqu'au 13, mais ne présente aucune éruption.

Ancel (Marie-Barbe), 41 ans, tante de Kayser (Marie), est malade depuis le 7 juillet : frissons, soif, fièvre, courbature, vomissements et difficulté de la déglutition. Son entourage ne constate aucune éruption. A notre première visite, le 13, elle est presque en convalescence; les amygdales seulement sont encore un peu rouges.

Kayser (Marie-Louise), 30 ans, mère de Marie, a eu mal à la gorge, du 4 au 7, avec un peu de fièvre.

XXXIII. *Scarlatine bénigne.* — Singuerlé (Clarisse), 9 ans, a, le 5 août, de la soif et de l'inappétence; le 6 elle se plaint de mal de gorge; il y a des plaques blanches sur les amygdales, la langue est chargée, le pouls à 120. Vomitif. L'éruption apparaît assez générale le 7 et persiste jusqu'au 10.

XXXIV. *Scarlatines graves ; albuminurie consécutive.* — Masson (Eugène), 5 ans, et Masson (Marie), 9 ans, tombent malades tous les deux, l'un dans la nuit du 16 au 17 septembre, l'autre le 17 septembre. Eugène a des vomissements dans la nuit, puis les deux ont, le 17 dans la matinée, une forte éruption de scarlatine accompagnée d'une angine grave. La fièvre est violente, l'agitation considérable ; il y a du délire pendant la nuit. Au bout de huit jours, ils entrent en convalescence. Le traitement a consisté en purgatifs, boissons délayantes et en gargarismes chloratés.

Le 18 octobre, Masson (Marie) qui est sortie depuis dix jours déjà, est atteinte d'hématurie qui persiste pendant douze jours, malgré le traitement ordinaire. A la date du 2 novembre, il n'y a plus de sang, mais encore de l'albumine dans les urines et tout fait espérer une guérison prochaine.

RÉFLEXIONS. — Nous avons observé 55 cas de fièvre scarlatine ; sur ce nombre, nous comptons 4 morts : un enfant de 6 mois, qui succombe à une pneumonie pour laquelle il n'a été traité que très-tardivement (obs. VII) ; un enfant de 6 ans, qui meurt d'une pneumonie lobulaire ; il n'a pas eu de soins pendant sa maladie ; on ne nous a appelé que quand la scarlatine avait disparu et que la pneumonie était devenue incurable (obs. XVII) ; et une petite fille de deux ans et demi, qui est morte aussi de pneumonie consécutive (obs. XVII) ; nous avons vu la malade la première fois onze jours après le début de la fièvre scarlatine. Il est probable, sinon certain, que des soins intelligents donnés à temps auraient empêché le développement de ces pneumonies ou auraient permis de les combattre avec succès. Nous ne porterons donc pas ces cas de mort au passif de la fièvre scarlatine ; néanmoins il nous a paru intéressant de constater une fois de plus que la pneumonie se développe assez facilement à la suite de la scarlatine, et que cette maladie consécutive peut amener la mort des scarlatineux tout aussi bien que celle des rubéoleux.

Le quatrième cas de mort a eu lieu chez un vieillard (obs. X) dont la fièvre scarlatine est restée latente jusqu'à la veille du décès. Les accidents cérébraux ont été graves dès le début, et la constitution du malade était minée par les fatigues qu'il avait encourues pendant de longues années au service de toute la population de Saint-Dié, et il est probable que tous les efforts tentés auraient été inutiles. Cependant on peut se demander si, malgré la répugnance du public pour ce moyen de traitement, on n'aurait pas dû recourir aux affusions froides que recommande Trousseau dans ses *Leçons cliniques*. Pour notre compte, nous n'avons jamais eu occasion de les employer, mais, dans un cas semblable, nous essaierons de vaincre la résistance de la famille pour mettre à contribution cette ressource en apparence ultime.

En somme, notre épidémie a été des plus bénignes, car ce dernier cas de mort seul peut et doit être attribué à la scarlatine ; la mortalité aurait donc été à peine de 2 p. 100. On sait que la gravité des épidémies de scarlatine est des plus variables. Trousseau et Graves en donnent, dans leurs *Leçons cliniques*, des exemples frappants ; ainsi la mortalité peut aller jusqu'à 30 p. 100 et au-dessus, et l'on cite des familles qui ont vu succomber en quelques jours cinq ou six de leurs enfants. Nous savons que l'année dernière, au moment où nous observions à Saint-Dié quelques cas de scarlatine, cette maladie sévissait avec une rigueur extraordinaire en Alsace, et notre village natal, Guémar, a été on ne peut plus éprouvé.

La scarlatine a plusieurs fois succédé, pour ainsi dire immédiatement ou du moins en peu de temps, à la rougeole. Nous avons vu des familles qui ont été atteintes successivement de la fièvre scarlatine et de la rougeole ; quelques-uns des enfants échappaient à la scarlatine et plus tard étaient atteints de la rougeole et inversement. Les uns ou les autres avaient donc, pour l'une ou l'autre de ces maladies, une immunité ou, selon le mot de Trousseau, une *capacité de résistance* que nous ne pouvons pas expliquer. C'est ainsi que dans bon nombre de familles où nous n'avons pas pu pratiquer l'isolement, un ou deux membres seulement ont été atteints de la fièvre scarlatine.

Est-ce à dire pour cela que la contagion nous paraisse douteuse ? Nous en sommes bien loin. Une fois même il nous a paru que les germes scarlatineux avaient été transportés à distance, à au moins cent cinquante mètres, par les vêtements d'une sage-femme, la femme Stoll. Elle est la mère des malades dont il est question dans l'observation XXX ; pendant la convalescence de ses enfants elle allait donner des soins à un nouveau-né chez M. Massat, et quelques jours après la fille aînée de celui-ci (obs. XXXI) prenait la scarlatine.

La majorité de nos malades était constituée par des enfants et des jeunes gens ; cependant nous avons eu quelques adultes et même un vieillard.

Nous n'avons pas pu étudier nettement la durée de l'*incu-*

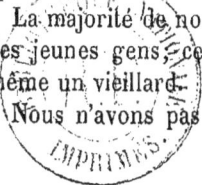

bation, on sait qu'elle est quelquefois très-courte, mais il nous a paru dans certains cas que 24 heures suffisaient pour développer la scarlatine; une fois l'incubation a été de 8 jours (obs. XXVIII). Nous nous rappelons que, dans son cours de pathologie interne, M. Wieger disait que la période d'incubation peut aller jusqu'à 30 ou 40 jours; mais, en tout cas, il est constant que la durée de l'incubation est ordinairement très-courte.

L'invasion a toujours été rapide, souvent brusque, quelquefois violente; parfois l'*éruption* a apparu pour ainsi dire en même temps que la fièvre; une fois (obs. XXIV), c'est l'éruption qui a attiré à elle seule et tout d'abord non pas l'attention du malade, mais celle de son entourage. Le plus souvent l'éruption a mis un ou deux jours à se produire; mais nous avons vu son apparition être retardée au 3e et au 4e jour, et une fois jusqu'au 6e (obs. X). *L'intensité de l'éruption a été variable; en général, elle a été en rapport direct avec la gravité de la maladie;* mais il y a eu des exceptions à cette règle.

La *durée de l'éruption* a aussi varié; plusieurs fois nous avons observé de la *miliaire* se développant peu après l'éruption de scarlatine; plusieurs fois aussi nous avons noté des *sueurs profuses*, phénomène assez rare, d'après les auteurs.

Quelquefois nous avons noté de la *diarrhée*, quelquefois des *vomissements* pour le début; mais le plus souvent la fièvre et l'angine ont ouvert la série des accidents. *Cette angine* a été plusieurs fois d'une intensité considérable; quelquefois elle a simulé l'angine couenneuse, une ou deux fois seulement elle a manqué. D'autres fois, au contraire, elle a constitué à elle seule la maladie (obs. XIII, XVIII, XXVIII, XXX). L'une des observations cependant, l'observation XVIII, est sujette à caution, car nous n'avons plus osé affirmer la nature scarlatineuse de l'angine à la fin de l'affection; les autres sont des exemples frappants de *scarlatine sans éruption*. Nous n'insistons pas. Les *Leçons cliniques* de Trousseau et de Graves abondent en exemples de scarlatines sans éruption, et personne ne met plus leur existence en doute aujourd'hui; mais il n'est pas loin le temps où Bouillaud, dans son *Traité de nosographie médicale* (1846), disait que l'existence de la scarlatine sans éruption ne lui paraissait pas démontrée par des faits assez probants. Le livre qui nous a fourni cette indication nous a été donné en souvenir d'un praticien bien distingué de Saint-Dié, M. le Dr Qucuche. En regard de la note de M. Bouillaud,

M. Qucuche avait écrit qu'il avait vu en 1842, à Saint-Dié, des scarlatines sans exanthème, avec accidents généraux, suivies d'œdème avec ou sans albuminurie.

Dans deux cas (obs. XX et XXXIV) l'angine a été accompagnée d'un *engorgement ganglionnaire considérable*, mais nous n'avons pas observé les bubons scarlatineux.

Le *pouls* a toujours été très-fréquent dès le début, et c'est sa fréquence qui nous a quelquefois fait soupçonner l'invasion de la scarlatine; nous avons pris rarement la *température* de nos malades, mais quand nous l'avons fait, nous n'avons pas trouvé de température dépassant 39°6 : c'est là un phénomène en apparence contradictoire avec les observations faites jusqu'ici, mais nous ferons remarquer encore une fois que notre épidémie n'était pas d'une grande gravité. Dans un cas (obs. X), mais 14 heures seulement avant la mort, et en l'absence ou avant l'apparition de l'exanthème qui n'est survenu que quelques heures avant le décès, la température n'était que de 37° et le pouls, qui était auparavant à 140, était tombé à 120.

Quelquefois seulement nous avons observé des *épistaxis*; le cas où cet accident s'est présenté avec persistance et avec une certaine gravité est celui d'une angine dont la nature scarlatineuse est très-contestable (obs. XVIII).

Les *phénomènes nerveux* les plus ordinaires ont consisté en céphalalgie, en agitation nocturne; quelquefois il y a eu du délire suivi de stupeur; une fois seulement nous avons noté des *convulsions* (obs. XIX).

Au nombre des *complications*, nous pourrions citer certaines angines graves, mais nous en avons déjà parlé et nous pensons qu'elles appartiennent, malgré leur intensité, à la scarlatine proprement dite; nous n'avons pas observé de diphthérite.

Le *rhumatisme articulaire scarlatineux* vague et peu grave a été constaté plusieurs fois, le plus souvent aux poignets, une fois aux cous-de-pied et une fois aux genoux; jamais nous n'avons trouvé d'altération du côté du cœur, ni *péricardite*, ni *endocardite*, jamais non plus de *lésions du côté de la plèvre;* nous avons appris que chez l'un des malades d'un de nos confrères il était survenu, après la scarlatine, un épanchement pleurétique très-considérable. Nous avons parlé plus haut des *pneumonies lobaires* et *lobulaires* observées.

Comme *maladies consécutives,* nous n'avons à citer que des

hydropisies peu étendues et en petit nombre; presque toujours nous avons pu constater, en même temps que l'œdème, la présence de *l'albumine dans les urines*.

Le *traitement* a été symptomatique quelquefois, souvent expectant; dans les cas légers, un vomitif ou un purgatif au début, puis des boissons tièdes délayantes et la diète; quand l'angine nous paraissait plus intense, nous avions recours aux cautérisations au nitrate d'argent et aux gargarismes chloratés très-répétés; quand la fièvre était plus considérable, nous donnions du sulfate de quinine uni au sirop de valériane; quand les accidents nerveux étaient plus graves, nous employions le sirop d'éther. Nous ne parlons pas de la prophylaxie; nous avons pratiqué l'isolement de nos malades autant que cela a été en notre pouvoir.

Pour éviter les maladies consécutives et les complications, nous maintenions avec le plus grand soin une température modérée dans les appartements pendant la maladie, et dans la convalescence nous recommandions aux malades de ne pas sortir, d'éviter le froid, etc.

Malgré cela, nous avons eu de l'albuminurie dans un cas où nous croyons que nos prescriptions ont été suivies (obs. XI.) L'albuminurie, nous la combattions d'ailleurs toujours avec les mêmes moyens et avec succès: sudorifiques, purgatifs répétés au calomel, et applications réitérées de ventouses sèches à la région rénale; si nos malades avaient été plus forts, nous aurions eu recours aux ventouses scarifiées.

Nous terminons ainsi notre récit et nos réflexions; nous répétons que l'épidémie observée n'a rien présenté de bien extraordinaire, mais nous l'avons étudiée de près. Nous n'ajoutons pas foi à l'ancien adage: « *Ars tota in observationibus* », mais nous nous souvenons des leçons de nos vénérés maîtres de la Faculté de Strasbourg, qui nous engageaient vivement à bien voir et à bien observer. Nous pensons d'ailleurs que les médecins de campagne, quoique dépourvus du temps et des moyens scientifiques qu'ont leurs confrères des grands centres intellectuels, peuvent néanmoins apporter un faible tribut à la science médicale en offrant à leurs collègues le résultat de leurs observations et de leurs réflexions. C'est ce que nous avons fait, avec l'espoir d'être approuvé par ceux qui nous ont enseigné l'art si difficile de guérir.

Nancy, imp. Berger-Levrault et Cie.

www.ingramcontent.com/pod-product-compliance
Lightning Source LLC
Chambersburg PA
CBHW060710280326
41933CB00012B/2371